¡Brrrum!
Los Corvettes

por Mari Schuh

Bullfrog
en español

Ideas para padres y maestros

Bullfrog Books permite a los niños practicar la lectura de textos informativos desde el nivel principiante. Las repeticiones, palabras conocidas y descripciones en las imágenes ayudan a los lectores principiantes.

Antes de leer
- Hablen acerca de las fotografías. ¿Qué representan para ellos?
- Consulten juntos el glosario de las fotografías. Lean las palabras y hablen de ellas.

Durante la lectura
- Hojeen el libro y observen las fotografías. Deje que el niño haga preguntas. Muestre las descripciones en las imágenes.
- Léale el libro al niño o deje que él o ella lo lea independientemente.

Después de leer
- Anime al niño para que piense más. Pregúntele: ¿Has visto un Corvette? ¿De qué color era?

Bullfrog Books are published by Jump!
3500 American Blvd W, Suite 150
Bloomington, MN 55431
www.jumplibrary.com

Copyright © 2026 Jump! International copyright reserved in all countries. No part of this book may be reproduced in any form without written permission from the publisher.

Jump! is a division of FlutterBee Education Group.

Library of Congress Cataloging-in-Publication Data is available at www.loc.gov or upon request from the publisher.

ISBN: 979-8-89662-160-7 (hardcover)
ISBN: 979-8-89662-161-4 (paperback)
ISBN: 979-8-89662-162-1 (ebook)

Editor: Jenna Gleisner
Designer: Anna Peterson
Translator: Annette Granat

Photo Credits: DarthArt/iStock, cover; JoshBryan/Shutterstock, 1; PaulLP/Shutterstock, 3; Brandon Woyshnis/iStock, 4, 23tl; Brandon Woyshnis/Shutterstock, 5, 20–21; Paul Pollock/iStock, 6–7; Luke Sharrett/Bloomberg/Getty, 8–9; Martina Birnbaum/Shutterstock, 10–11; Wirestock/Dreamstime, 12, 13; jeanpierre/Adobe Stock, 14–15, 23tm, 23bl; Darren Brode/Shutterstock, 16, 23bm, 24; Ron Adar/Shutterstock, 17, 23tr; Arpad Benedek/Alamy, 18–19, 23br; Vehicles/Alamy, 22.

Printed in the United States of America at Corporate Graphics in North Mankato, Minnesota.

Tabla de contenido

Autos rápidos	4
Las partes de un Corvette	22
Glosario de fotografías	23
Índice	24
Para aprender más	24

Autos rápidos

¡Brrrum!
Un **auto deportivo** pasa por aquí.

Es un Corvette.

El primero fue hecho en Míchigan.

Eso fue en 1953.

Míchigan

Ahora los hacen en Kentucky.

¡Qué chévere!

Kentucky

La mayoría tiene dos puertas.

Solamente tienen dos asientos.

Este es bajo.

Casi topa con el suelo.

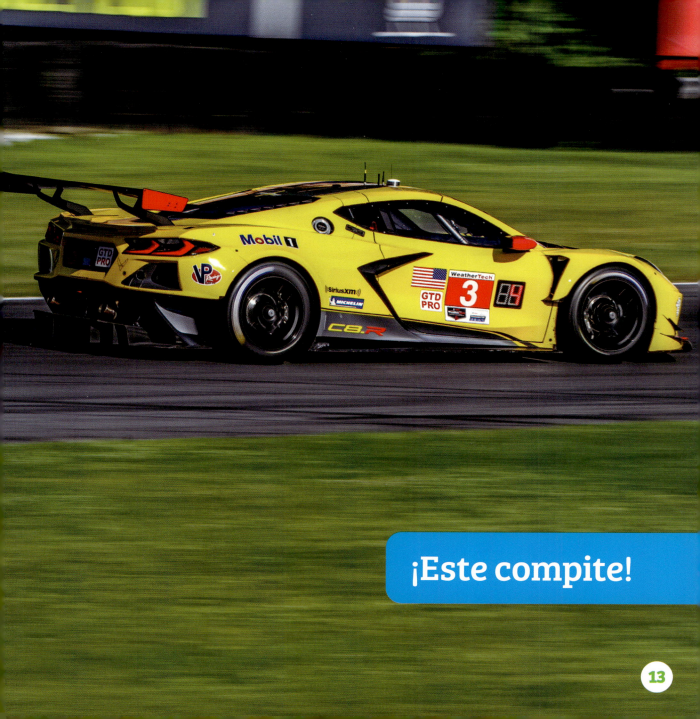
¡Este compite!

El **logo** tiene banderas.

Una es **cuadriculada**.

¿Por qué?

Es una bandera para competencias.

Hay muchos **modelos**.
El Stingray es uno de ellos.

El E-Ray es un **híbrido**.

Este es un C8.

Su **motor** está en un nuevo lugar.

¿Dónde?

Está detrás de los asientos.

Es un día soleado.
Baja el techo del auto.
¡Vamos!

Las partes de un Corvette

¡Un Corvette ZR1 2025 puede alcanzar 233 millas (375 kilómetros) por hora! ¡Échales un vistazo a las partes de un Corvette!

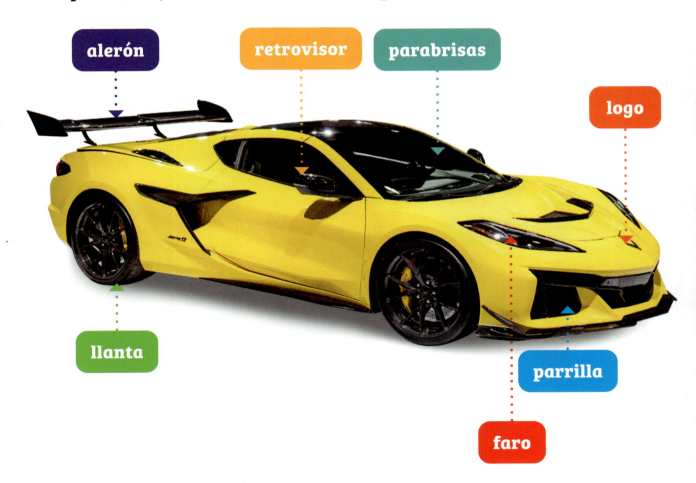

Glosario de fotografías

auto deportivo
Un auto hecho para ir rápido y tomar bien las curvas.

cuadriculada
Que tiene un patrón de cuadrados que cambia entre dos colores.

híbrido
Que usa electricidad y gasolina para encenderse.

logo
Un símbolo que representa una compañía.

modelos
Tipos o diseños particulares.

motor
Una máquina que hace que algo se mueva con gasolina u otra fuente de energía.

Índice

asientos 11, 18
C8 18
compite 13
E-Ray 17
híbrido 17
Kentucky 8
logo 15
Míchigan 7
motor 18
puertas 11
Stingray 16
techo 21

Para aprender más

Aprender más es tan fácil como contar de 1 a 3.

❶ Visita **www.factsurfer.com**
❷ Escribe **"LosCorvettes"** en la caja de búsqueda.
❸ Elige tu libro para ver una lista de sitios web.